Educação ou o quê?

Dados Internacionais de Catalogação na Publicação (CIP)
(Câmara Brasileira do Livro, SP, Brasil)

Mautner, Anna Veronica
  Educação ou o quê? : reflexões para pais e professores / Anna Veronica Mautner. — São Paulo : Summus, 2011.

  ISBN 978-85-323-0783-5

  1. Educação 2. Educação - Filosofia 3. Educação - Finalidades e objetivos 4. Psicologia social I. Título.

11-02952   CDD-370

Índice para catálogo sistemático:
1. Educação 370

Compre em lugar de fotocopiar.
Cada real que você dá por um livro recompensa seus autores
e os convida a produzir mais sobre o tema;
incentiva seus editores a encomendar, traduzir e publicar
outras obras sobre o assunto;
e paga aos livreiros por estocar e levar até você livros
para a sua informação e o seu entretenimento.
Cada real que você dá pela fotocópia não autorizada de um livro
financia o crime
e ajuda a matar a produção intelectual de seu país.

Anna Veronica Mautner

Educação ou o quê?

Reflexões para pais e professores

summus editorial

EDUCAÇÃO OU O QUÊ?
Reflexões para pais e professores
Copyright © 2011 by Anna Veronica Mautner
Direitos desta edição reservados por Summus Editorial

Editora: **Edith M. Elek**
Editora executiva: **Soraia Bini Cury**
Editora assistente: **Salete Del Guerra**
Ilustração de capa: **Andrés Sandoval**
Finalização de capa: **Acqua Estúdio Gráfico**
Projeto gráfico e diagramação: **Crayon Editorial**
Impressão: **Sumago Gráfica Editorial Ltda.**

Summus Editorial
Departamento editorial
Rua Itapicuru, 613 – 7º andar
05006-000 – São Paulo – SP
Fone: (11) 3872-3322
Fax: (11) 3872-7476
http://www.summus.com.br
e-mail: summus@summus.com.br

Atendimento ao consumidor
Summus Editorial
Fone: (11) 3865-9890

Vendas por atacado
Fone: (11) 3873-8638
Fax: (11) 3873-7085
e-mail: vendas@summus.com.br

Impresso no Brasil

Sumário

Prefácio — *Marcelo Coelho* 7
Introdução 11

NA ESCOLA
Educação e imitação 15
Escola: fábrica de cidadãos 19
Criativo porém eficiente 23
Os segredos de cada um 27
Pensar não é fácil 31
Apatia ou preguiça? 35
Dissimular para aprender 39
Repetir até acertar 41
Desconforto e aprendizagem 47
Um recreio à moda antiga 51
A regra libertadora 55

Malqueridos mestres 59
Visibilidade (e $) para os professores 65

EM CASA
O sonho dos pais 71
O caráter revolucionário da rotina 77
Organizando a curiosidade 81
Equilíbrio do casal 87
O público e o privado 91
A geração dos "mexe com" 95
... e eu chorei! 99
Internet em vez de rua 103
Deixe o desejo crescer 109
Celebrações 113

Prefácio

NÃO ENTENDO NADA DE TEORIAS PEDAGÓGICAS, MAS COMO PAI DE DOIS FILHOS PEQUENOS (5 E 7 ANOS) TENHO PERCEBIDO ULTIMAMENTE UMA SITUAÇÃO QUASE DRAMÁTICA — EM ESPECIAL QUANDO SE TRATA DE ESCOLHER UMA ESCOLA PARA AS CRIANÇAS.

Há cerca de vinte ou trinta anos, as opções com que os pais se defrontavam eram claríssimas: ou punham os filhos numa escola tradicional (com notas de zero a dez, investimento na memorização, obediência ao professor) ou numa escola (o termo é da minha época) "experimental", mais relaxada e interativa, menos autoritária.

Vivi na carne esse dilema. Dos 6 aos 8 anos, frequentei uma escola "tradicional". Havia fila para entrar na classe, o recreio era policiado por bedéis, ganhavam medalhas os alunos que mais se destacassem no final do ano.

Eu detestava aquele esquema: criança racional, comportada e precoce, aprendi a avaliar a qualidade de cada escola pelo estado dos banheiros disponíveis. O banheiro do Dante Alighieri era imundo, infernal, vomitivo.

Felizmente, meus pais se decidiram a mudar-me de escola. Fui jogado no quarto ano do primário do Vera Cruz, onde o respeito ao aluno e a liberdade em classe eram bem maiores.

Eu tinha, a cada segunda-feira, de pegar as tarefas da semana: uma série de exercícios de matemática, geografia, história e português me aguardava, em folhas azuis mimeografadas e protegidas numa capa de plástico. Bastava desincumbir-me das tarefas propostas (coisa que eu conseguia nas quartas e quintas-feiras) que o espaço imenso do recreio se adiantava para mim.

Foi no recreio, contudo, que deparei com algo que não existia no tradicionalíssimo Dante Alighieri: a violência e a repressão, não dos bedéis e vigilantes, mas dos meus colegas.

Até hoje oscilo entre qual repressão é a melhor. Uma escola supostamente "libertária" me parece, muitas vezes, chancelar nos seus recreios um estado natural hobbesiano ("o homem é o lobo do homem"), que prejudica os mais delicados, os que se inclinam naturalmente à ordem e à justiça. Escolas repressivas, como a que conheci por alguns anos, premiam os bons alunos (foi o meu caso), mas tendem a torná-los indefesos diante da violência alheia. Tendem, ademais, a criar nos pequenos alunos uma subserviência detestável ao poder.

Os textos deste livro de Anna Veronica Mautner procuram balancear, com grande sabedoria, o "moderno" e o "tradicional" em matéria de educação. Evidentemente, não se pode abafar a curiosidade das crianças. Estimular o seu senso de procura e de perplexidade é tarefa de qualquer escola que se preze.

Ao mesmo tempo, é preciso temperar o "espontaneísmo" pedagógico com a atenção a alguns valores que, salvo engano, perdem-se nas ideologias excessivamente progressivas. A imitação, a cópia, a rotina constituem hábitos que podem tornar mais eficaz, mais concentrado, o revolucionário do futuro.

Como educar esse jovem, que será encarregado de mudar o nosso mundo (mundo que precisa de mudança), sem conceder de graça coisa nenhuma a suas fáceis revoltas, a seu comodismo, a talentos protegidos em clima artificial de estufa?

Estas as angústias de Anna Veronica Mautner, expressas sem drama, mas sem concessões, nos artigos que o leitor terá o prazer de ler nas próximas páginas.

Marcelo Coelho

Introdução

Desenvolver tolerância à frustração e, ao mesmo tempo, abrir passagem para instaurar o pensar têm sido minhas preocupações constantes ao observar os outros.

O pensamento é um jeito de avaliar a distância entre desejo e possível frustração no caminho de sua realização. Pensar não se herda — desenvolve-se passo a passo no viver a vida e está na dependência direta da qualidade da relação entre as pessoas.

Relações boas geram melhor tolerância à frustração e, portanto, mais espaço para o pensar.

Espero contribuir para a compreensão desse mecanismo, mesmo que de maneira desordenada e aparentemente caótica, com os artigos que compõem este livro.

A autora

Na escola

Educação e imitação

DIZ O DICIONÁRIO QUE EDUCAR É FORMAR INDIVÍ-
DUOS APLICANDO-SE MÉTODOS ADEQUADOS QUE
PODEM VARIAR DE ÉPOCA A ÉPOCA. Durante os anos
de desenvolvimento, adotamos forma física e mental
com vista a nos tornarmos pessoas adaptadas ao mundo em que nascemos.

Nada mais significativo do que lembrar as famosas crianças-lobo, o raríssimo caso observado e estudado à exaustão no século passado. Ele nos esclarece algumas coisas sobre a missão do educador. Genética e neurologicamente, essas crianças eram humanas, mas cresceram sem jamais ter visto um ser humano.

Tinham a completa condição orgânica para se tornar humanos como qualquer um de nós. Criados e alimentados por uma loba, uivavam, apesar de serem dotados de aparelho fonador — pelo qual poderiam articular sons muito mais complexos do que o uivo. Andavam de quatro, apesar de terem sistema neurológico de bípedes. Isso demonstra a importância da pessoa próxima, que acaba por funcionar como modelo a ser imitado. Propiciar oportunidade para imitar é um passo decisivo. Quanto mais interação, maior frequência de encontros, melhor resultado.

Servir de modelo para a criança aprender a usar seu corpo na forma humana parece tarefa fácil, pois todo e qualquer pai quer ter filhos à sua imagem e semelhança. A humanização, no entanto, não acaba aí. A aptidão para seguir modelos deve ser mantida por toda a vida e funcionar como se fosse uma verdadeira bússola, indicando o caminho do crescimento, da aquisição de cultura, da renovação, dos meios para se reproduzir como organismo e até de como envelhecer.

Não somos apenas o que comemos ou como lidamos com a dor e outros desconfortos. Somos também curiosos, ávidos por melhor conhecer o mundo em torno. A prontidão para gerar alegria, surpreender sempre e favorecer essa nossa eterna curiosidade é uma das grandes missões da escola.

As funções do educador consistem exatamente em organizar a transmissão da cultura, oferecendo parâmetros para a relação entre corpo e mente. Cabe aqui fazer uma distinção entre alegria e prazer. Na alegria predominam principalmente as sensações, enquanto na curiosidade e no prazer a mente tem lugar privilegiado.

Por isso, todos nós, adultos, e especialmente os que integram toda a estrutura escolar, de diretor a faxineiro, devemos manter esse lugar como um modelo de vida social. O jeito como cada escola funciona é o segundo modelo da vida de uma criança.

A família e a escola são incubadoras de tudo aquilo que orienta os caminhos de cada um pela vida-esperança. Esperança? Quando estudamos em uma escola onde os responsáveis interagem com uma vida prazerosa e reconfortante, podemos esperar do mundo coisas boas e criar utopias a partir do que vimos e conhecemos não só em casa, que é o ninho primeiro, mas também — e muito especialmente — na escola.

A função de ampliar horizontes é da escola, onde encontramos informações e noção de possibilidades.

Ela não é apenas o lugar onde aprendemos a ler e contar, fazemos amiguinhos, aprendemos a respeitar regras, deveres e direitos. É muito mais do que isso. É onde o mundo nos oferece a paisagem e o horizonte do bem-estar.

Escola: fábrica de cidadãos

ASSIMILAR UMA INFORMAÇÃO NOVA É UMA TAREFA, SE NÃO DEPENDENTE, PELO MENOS FACILITADA PELO *STATUS* ATRIBUÍDO À FONTE EMISSORA. Se vejo a origem da informação como séria, confiável, importante, respeitável, então minha tendência é aceitá-la.

Aceitamos uma informação se ela vier de uma fonte que respeitamos, mas os professores vivem um período de ampla e irrestrita desmoralização perante o governo, o aluno, passando por pais e pelos mestres entre si. Os próprios membros do magistério não se levam a sério.

A escola é uma instituição submetida à sociedade e ao Estado, direta ou indiretamente. Escolas são comunidades letradas, com regras e normas estabelecidas dentro de um sistema hierárquico. O lar, de onde as crianças vêm, é um pequeno agrupamento onde predominam a oralidade e a afetividade. A passagem de um para o outro já é, por si só, difícil, até pelas diferenças na forma de comunicação entre o mundo público que a escola simboliza e o universo familiar. Eles diferem entre si na forma de integração, na comunicação e no objetivo. Na escola, os dois personagens centrais são o aluno e o professor, relação que é ordenada por estatutos, regras e leis, além de ideologias e metodologias comportamentais. Para o aluno, a ligação com todo esse universo é feita pelo professor; ele é o porta-voz do mundo fora do lar e deve preparar a criança para ser cidadão deste mundo.

Diante disso, se o próprio professor não se preza, pois todas as instâncias que o rodeiam o desdenham, por que deveria o aluno levar a sério seu trabalho? E não leva mesmo.

A maneira como o aluno se sente e se comporta é parte do somatório de todos os sinais que ele capta em seu cotidiano — a forma como os pais se referem aos professores, os gestos presentes na relação dentro da hierarquia da escola, o estado de ânimo do educador, o capricho e o zelo da apresentação de si e das informações.

Já vai longe o tempo em que os professores eram respeitados por todo mundo. Na comunidade, eram conhecidos pelo nome, saudados respeitosamente quando encontrados em qualquer lugar. Hoje, a situação é outra. Diz-se que é porque ganham mal — culpa do governo. Não sei se concordo; acho até o contrário possível: paga-se mal ao professor por se achar que é o que ele merece.

Mas não é esse o ponto que quero salientar. Há inúmeros estudos sobre desempenho de tarefas nos quais o pagamento aparece como indício — importante, porém não decisivo —, e não como causa. Isso me leva a afirmar: a missão do professor atualmente não parece, nem a ele mesmo, importante e válida. Talvez isso influa no aprendizado, pelo menos a meu ver.

Isso se agrava com uma mudança muito significativa que ocorreu na forma de chamar as professoras. Elas deixaram de ser "dona Fulana" para ser "tia". Na família, tia é um "quase", não é um inteiro. Ficar para "titia" não é uma condição invejável. Esse é um indício. O outro lado da mesma questão é a introdução da oralidade familiar na estrutura escolar. Junto com a oralidade, vieram o desprestígio da escrita e a intromissão da informalidade. Só que, na família, a ligação é predominantemente afetiva, ao passo que, na escola, estamos numa estrutura hierárquica regrada, que objetiva formar cidadãos.

Quando há propositada interpenetração entre família e cidadania, estamos dizendo que a informalidade oral e afetiva deve prevalecer sobre as relações institucionais. O excesso de presença dos pais ao acompanhar o dia a dia da escola diz à criança que a casa é mais importante que o mundo civil. Não ousaria afirmar, mas "levanto a lebre" de que esse jeito de lidar com a instituição responsável por esculpir cidadania pode, quem sabe, fortalecer o desrespeito às regras, às leis, aos estatutos. Afinal, onde se deveria aprender a ser igual perante a lei (organização escolar) descobrem-se jeitinhos de aceitar que alguns sejam diferentes.

Só um exemplo maroto: nasceu um irmãozinho. A aluna não está superfeliz e os pais avisam a professora para ser compreensiva etc. Na vida pública, o cidadão deve suportar seus reveses e continuar cidadão. Caso contrário, teria de ser criado um estado de exceções.

Criativo porém eficiente

LÁ PELA DÉCADA DE 1940, NOS ESTADOS UNIDOS, ENTÃO MERGULHADOS NA SEGUNDA GUERRA MUNDIAL, COMEÇOU A SE DAR GRANDE ÊNFASE À CRIATIVIDADE. A população e os soldados saíam da rotina e tinham de achar um jeito de se acertar nas novas situações. Não dava para esperar para inventar. Começou uma época em que era importante resolver questões que até então não tinham pedido soluções. Psicólogos sociais puseram-se em campo para desenvolver condições de laboratório que aumentassem a frequência do surgimento de novas ideias.

Que eu bem me lembre, havia um instituto em Maine, na Nova Inglaterra, onde nasceu o primeiro *T group*, onde ocorria um jogo liderado com expressão verbal — todos palpitando — até se chegar a novas concepções sobre velhos temas. O *T group* foi criado para saber por que os americanos não gostavam de miúdos, a fim de que as empresas que vendiam enlatados melhor pudessem vendê-los.

As técnicas de criatividade constituem não uma forma de descoberta da realidade, e sim um acesso a mecanismos sociopsicológicos inconscientes. Não sei por que eu não gosto de fígado. Mas, falando livremente a esse respeito, vou descobrir que é porque ele é muito diferente do hambúrguer, um dos pratos prediletos dos americanos. Depois de descobrir por que não gostavam de fígado, quais as restrições inconscientes, bastou uma campanha publicitária testemunhal em que celebridades falavam do prazer que tinham diante de um bife de fígado acebolado e o norte-americano passou a aceitar melhor os miúdos dos animais.

Os grupos de criatividade não foram pensados para ensinar tabuada nem para ser aplicados em atividades nas quais corrigir é proibido. Quando essa técnica foi exportada para propaganda e *marketing*, ganhou o subtítulo de *brainstorm*. A ideia de que a expressão deve ser livre, sem críticas ou avaliações, ganhou o mundo e penetrou insidiosamente pelos meandros da pedagogia, expandindo-se sem limites e igualmente sem crítica. Técnicas de criatividade não dispensam conhecimentos básicos. Por exemplo, é preciso saber falar. Não dá para cada pessoa inventar o seu vocabulário, pois seria instaurada a incomunicabilidade.

O lema "não pode corrigir porque tolhe a criatividade" tornou-se uma saída perversa, porém confortável, para uns tantos. A quantidade de material que uma professora corrigia "antigamente", antes dos grupos de criatividade, diminuiu assustadoramente. Se corrigir faz mal, não será uma professora de curso fundamental que vai cometer a heresia. Acontece que as leis gramaticais não estão aí para ser recriadas ou reinventadas, e sim para facilitar a comunicação entre as pessoas. Quando eu leio "não", sei o que estou lendo. Mas, se o "não" for escrito inventivamente por cada um, como nos comunicaremos? E a tabuada, a história, a geografia etc.?

Tomar ditado não é nada criativo. Descrever uma paisagem, também não. Fazer cópia, nem se fala. As circunstâncias em que se aprende a escrever as palavras do nosso cotidiano não são criativas. Mas o ditado, a cópia, a descrição têm de ser corrigidas por aquele que sabe a forma correta. Se o professor, autoridade responsável por essa correção, sente-se impedido de fazer seu trabalho porque deve aplicar de forma equivocada a teoria da criatividade, estamos num beco sem saída.

Há os que consideram isso uma vantagem, pois, se o aluno não aprende porque não pode ser corrigido, o educador, por sua vez, não tem de corrigir quarenta cópias, quarenta ditados etc. Assim ninguém se frustra. Mas sempre haverá a necessidade de, mesmo que de vez em quando, a gente mandar um bilhetinho, anotar um recadinho. Para isso é bom saber escrever um pouquinho. E também é bom aprender a fazer contas para calcular o preço das coisas.

E, para conseguir isso, não adianta recorrer ao computador, já que este não substitui integralmente o conhecimento da língua, mesmo que o programa *Thesaurus* esteja instalado.

•

Os segredos de cada um

E depois a gente não sabe por que as crianças viram adolescentes tão diferentes do que nós sonhávamos... Qual é o espaço que nós, pais e professores, deixamos para a intimidade deles, longe de nossos olhares?

Em nome de uma superproteção, exigimos ter a todo momento uma visão global da criança. Qualquer coisa de diferente que acontece em casa, todo mundo vai correndo até a escola para contar que "possivelmente a criança vai se mostrar diferente porque a mãe está grávida ou o pai viajou, o irmão está doente ou a empregada mudou". É como se de repente a criança tivesse de ser protegida de seus próprios sentimentos diante da vida.

Quem disse que a reação da criança vai aparecer na escola? Por que a gente acha que ela não vai saber dissimular? E, se ela não souber, provavelmente eis aqui a ocasião para ela começar a treinar esse comportamento tão importante. A transparência e a sinceridade viraram dever. Mas nem sempre podem ser usadas.

Ao querermos saber tudo que acontece em todos os lugares, para termos uma visão integral de nosso filho, pensamos que o estamos protegendo. Na verdade, estamos invadindo o que ele não nos abriu, impedindo-o de ter seus segredos — que redundarão, oportunamente, em defesas que vão constituir sua singularidade.

Todos nós temos de saber o que expressar e de que forma. A criança pequena chora em qualquer lugar. Com o tempo, se a deixarmos livre para errar ou acertar, ela vai aprender onde pode e onde não pode chorar, gritar, cantar, berrar. Cada um dos segmentos sociais onde a criança atua (casa, escola, família expandida, vizinhança etc.) tem regras próprias, seus sistemas de gratificação e punição. Entre os coleguinhas, pode não haver castigo propriamente dito, mas existe a vergonha. Com o professor, tem a nota e o elogio; e, em casa, depende da personalidade dos pais. É preciso deixar que ela perceba que o mundo não é homogêneo, que ela pode ter segredos e adaptar-se a essas diferenças.

Ter vida secreta é o primeiro passo da sociabilidade. Qualquer criança acima de 3 anos, se não tiver sido completamente moldada pela homogeneização artificial de seu mundo, começa a perceber que seu desenho bonito agrada pais e professores, mas diante de outras crianças é inócuo. Ser bom de bola, isso sim é ponto positivo entre os amiguinhos. E assim por diante. Por mais que a gente queira proteger, ensinar, criar uma blindagem emocional, para que o seu crescimento ocorra com poucos desgastes e pouca dor, felizmente a gente não consegue. Se conseguíssemos, criaríamos seres ingênuos incapazes de se fazer valer no mundo. O melhor laboratório que podemos oferecer para criar cidadãos aptos é permitir que frequentem vários mundos diversos para que testem suas aptidões.

Bisbilhotar, querer saber tudo que a criança faz quando está com seus outros grupos é castrar, limitar a criatividade. Depois não adianta fazer cursos para desenvolver a inventiva. A liberdade de testar comportamentos fora da vigilância adulta é o campo ideal para o surgimento do homem livre.

Portanto, atenção: aja com o seu aluno de acordo com o que ele está demonstrando e dizendo a você. Se for levar em conta informações divulgadas em conversas na sala dos professores, nos corredores das escolas e vindas da direção oposta — isto é, de casa para a escola —, faça isso com muito cuidado, para que a criança ou o jovem não se sinta vigiado.

•

Pensar não é fácil

TREINAR PARA PENSAR É UMA DAS TAREFAS MAIS COMPLEXAS PARA QUALQUER EDUCADOR, SEJA NA ESCOLA OU EM CASA. Se fosse possível planejar o processo de pensar antes de realizar toda e qualquer ação ou tomar toda e qualquer decisão, tudo seria mais fácil. Acontece que um grande número de atitudes do dia a dia só pode ser submetido a fragmentos de "pensar". Perceber que alguma coisa é parecida com outra e, portanto, que ambas se equivalem é parte desse processo. Saber quando devo submeter informações ao raciocínio lógico/organizado, quando posso julgar, deduzir, depende de vários fenômenos, entre os quais a intuição. Aqui/agora, é preciso pensar, refletir ou basta perceber? Quando é possível dizer que as informações são suficientes para emitir um julgamento? Basta me aproximar da ideia, aventar uma hipótese? Portanto, basta lançar mão da memória resultante da minha experiência de vida?

A criança, quando observa os outros, especialmente os adultos que a rodeiam, percebe quando é hora de observar, quando basta prestar atenção ou pensar. Mas a experiência dela e o que dela se exige é mais ou menos simples. É pensando, combinando na mente as observações e as ideias, que podemos ponderar, raciocinar, criar, inovar — e outros tantos processos mentais que antecedem o valioso "pensar".

O melhor jeito de ensinar a pensar é pensando em voz alta. Não me refiro a complexas divagações filosóficas. Um pai pode explicar ao filho por que é corintiano: porque seu pai era, seu vizinho era, porque é da Zona Leste de São Paulo. Contando essas historinhas, se formos capazes de pensar e tivermos vocabulário para tanto, podemos concluir que torcemos por hereditariedade e geografia. A escolha de um time de futebol tem uma história, e enunciá-la é mostrar como se pensa.

Por que chove tanto no litoral e menos no centro do continente também vale um pensamento. As nuvens que se formam no mar e a barreira das serras antes do planalto podem ajudar a explicar. Uma forma de ensinar a pensar é mostrando que aquilo que sabemos não caiu pronto do céu, mas é uma mistura de observação, conhecimento específico, interesse. Para isso, precisamos ter um vocabulário que, quanto maior e mais diversificado for, mais facilidade nos dará para usar essa aptidão tão específica dos homens. Certos animais pressentem a chegada do frio, da chuva, melhor do que nós, homens. Mas eles apenas herdaram um uso de informações necessárias à sua sobrevivência. Nós pensamos coisas completamente distantes da sobrevivência.

Os ingredientes de uma receita, mesmo bem enumerados e pesados, não são suficientes para fazer uma comida, um bolo, um molho, seja lá o que for. Além dos ingredientes, há um modo de preparo. Muitas vezes, os mesmos ingredientes podem resultar em algo diferente, conforme a ordem ou a forma de cozimento.

Pensar é parecido com uma receita. Sem os ingredientes (informações), não tem resultado. E, sem o modo de fazer, também não.

Apatia ou preguiça?

O QUE É PREGUIÇA PARA UM PROFESSOR? E o que é tristeza? Os pais sabem distinguir entre as duas? Nos dicionários e na memória dos mais velhos, encontramos pequenas diferenças de sentido entre essas palavras. Creio que somos todos perfeitamente capazes de separar com facilidade melancolia de preguiça.

Uma professora ou um chefe chamará de preguiça certa falta de vontade de fazer seja lá o que for que se espera de um aluno ou de um funcionário. Já um médico ou um psicólogo usará melancolia ou, modernamente, depressão para denominar o mesmo estado emocional. O político diria que a preguiça é resistência passiva ou rebeldia. Será que estamos falando de uma mesma coisa? Pode até ser, em certos casos.

É bom tomarmos cuidado com essa possível confusão, pois preguiça pode ser tratada com pitos e castigos. Já a melancolia pediria aconchego, carinho e atenção. Em ambos os casos, o comportamento é igual: temos uma pessoa desinteressada ou incapacitada de realizar o que ela quer ou aquilo de que foi incumbida.

O quadro fica mais complicado quando se trata de crianças e adolescentes, pois de um jovem saudável esperamos que queira crescer e, para tanto, esteja muito motivado a aprender. Aprender o quê? A superar os desafios que enfrenta na tentativa de entender o mundo que o rodeia. Conseguir pernas fortes para subir o morro, chutar a bola a gol. Mas também entender o que os outros dizem, os manuais dos jogos eletrônicos e, às vezes, tirar nota boa na escola. Será que se esquivar desses desafios é preguiça ou é melancolia?

Até que tudo virasse doença, trauma ou complexo, a ideia de preguiça prevalecia na nossa cabeça. Há alguns séculos, era a melancolia que predominava. Agora, temos a preguiça com um tímido retorno da melancolia sob a égide das ciências da alma, que encaram quase todos os maus hábitos, toda rebeldia e toda raiva como sintomas clínicos.

Os pais-educadores precisam estar atentos, pois não estamos apenas diante de uma dificuldade ou de uma fatalidade. Se for um caso medicável, nem todo castigo do mundo e todo treino conhecido vão mudar a indiferença do preguiçoso/melancólico. Essa tarefa cabe aos remédios, à psicoterapia e às técnicas de motivação.

Para discriminar entre esses dois estados, um dos testes caseiros que podemos usar é a óbvia observação: o desinteresse se refere só a certas coisas ou se trata de um estado geral de indiferença, quando predomina certa frouxidão para quase tudo? Devemos continuar alertas. Temos deveres a cumprir, caso contrário pagaremos por isso com desconto em salário, nota baixa etc.

Existe uma grande diferença entre as duas palavras: melancolia é estado de ânimo; preguiça se refere a querer produzir ou não. Para os religiosos, caímos em um dos sete pecados capitais. Para os médicos e paramédicos, a saída é medicação específica. Para os patrões, professores e chefes, estamos diante de incapacidade. Cada um procura o atalho mais adequado para solucionar o problema que o mal-estar provoca.

Vivendo no mundo em que sou o que tenho, a preguiça é defeito capital. Quem não produz poderá vir a ter? E, sem ter, como ser?

•

Dissimular para aprender

UMA DAS FUNÇÕES DA ESCOLA É TREINAR A CRIATURA PARA EXISTIR NO ESPAÇO PÚBLICO, RESPEITANDO O PRÓXIMO. Esse espaço é ponto de encontro de diferentes que podem ser reconhecidos, denominados, agrupados.

A natureza fornece ao ser humano algumas diferenças visíveis, a exemplo de crianças e idosos, com suas particularidades. A genética, o jeito de viver de cada um e suas experiências dão forma a indivíduos diferentes entre si.

Mas a apresentação pública das diferenças obedece a regras especiais de cada grupo, tribo, classe, religião, cultura. Cabe à escola, espaço privilegiado, treinar para essa vida pública em que nem sempre as diferenças individuais e os desejos podem ser expressos a qualquer momento. Por isso, é preciso aprender a dissimular.

Mesmo quando as diferenças são toleradas graças a vínculos afetivos e culturais, como ocorre no lar, a prática de dissimular deve ser exercida, buscando sempre o mínimo de sofrimento pessoal. É preciso treinar para "disfarçar" as diferenças e tornar o convívio entre todos suportável, favorecendo a interação.

Como atualmente a escola é o primeiro espaço público de uma criança, é lá que ela tem de aprender a se conter, a valorizar a ordem, a respeitar o coletivo. Quando essas funções não são atingidas a contento, a aprendizagem do currículo fica prejudicada.

Resumindo em uma frase: se não houver disciplina, a aprendizagem de todos será prejudicada. E disciplina não é mudar o temperamento, a personalidade, o jeito de ser de ninguém: é apenas absorver um código e se comportar de acordo com ele para tornar o coletivo possível.

•

Repetir até acertar

Sem esforço não se chega a lugar nenhum na vida. Qualquer realização demanda algum empenho. Como desenvolver essa atitude? Tem de ser desde o comecinho da vida, desde os primeiros atos voluntários da criança. Engatinhar, andar, alcançar, encaixar — tudo isso depende de treino. Cabe a nós, adultos, incentivar e valorizar a repetição, mas só até a atitude ter sido desenvolvida. Ninguém nasce sabendo colocar uma caixinha dentro da outra, nem acerta logo de cara. Ser capaz de se esforçar até que acertar se torne automático faz parte do caminho para perseverar, continuar, não desistir.

Aprende a andar mais cedo aquele que tenta mais. Fala antes a criança que balbucia bastante, pois treinou suficientemente a coordenação da respiração com a língua e com a intenção de se fazer entender. Domina mais cedo a caligrafia quem rabiscou mais.

A primeira infância é o tempo certo para premiar o empenho sem se importar com o resultado. No aconchego da família, no qual predomina a afetividade, o esforço despendido deve receber sorrisos, olhares de apoio e simpatia. E, pelo resto da vida — sim, por todo o resto da vida —, o esforço vai perdendo espaço e o que passa a valer é o resultado.

Terminadas a alfabetização, a compreensão de textos e as primeiras noções de aritmética, as crianças caminham a passos largos para um mundo onde o esforço não ocupa lugar importante nas avaliações. Isso vai continuar valendo na vida profissional e pública, na qual o que conta é "se fez ou não fez, se trouxe ou não trouxe, se funcionou ou não funcionou". Usando um caso extremo: não adianta alguém ter se esforçado muito para tomar um trem; se ele se atrasar, o trem não vai ficar esperando.

Na vida adulta, o que está em jogo é a realização: acerto ou erro. Assim será nos empregos e em todas as situações competitivas, mesmo em *hobby*, esporte, jogo etc. O que importa é entregar as encomendas benfeitas no prazo e com capricho.

Abordo esse tema porque a mim parece que a recompensa ao esforço vem sendo prolongada adolescência adentro, dificultando a entrada eficiente na vida adulta, com sua exigência de resultados cada vez mais severa. Hoje em dia, o espaço público está cada vez mais contaminado pela dinâmica da vida afetiva. Cada vez mais se ouve como desculpa: "Mas ele se esforçou tanto..." Quando o período de complacência é dilatado e se continua a valorizar fora de época o esforço, o empenho, está-se impedindo o crescimento. Só o esforço nem mesmo vale para treinamento esportivo, serve só como apoio para continuar treinando. Vale pouco querer muito, esforçar-se muito, preparar-se exaustivamente: isso tudo funciona apenas como bom exemplo de comportamento.

Tem gente que decora fácil, em dez minutos; outros levam duas horas para fazer a mesma coisa: no fim, importa se sabe ou não o texto. Há garotas graciosas mesmo sem estar arrumadas. Tem gente com ritmo no pé mesmo sem praticar. Sorte deles. Outros precisam de muito exercício, muita atenção e empenho. Em um exame de vestibular, na concorrência por uma vaga de emprego, não importa quanto tempo se levou na preparação. No calor da hora, só vale o resultado.

É muito importante dar a entender aos aprendizes da vida que a gangorra entre esforço e realização não só muda no correr da vida como também varia de pessoa a pessoa, de aptidão a aptidão, de tarefa a tarefa. Podemos até invejar a facilidade de alguns em algumas ações. Mas não devemos permitir que essas diferenças de tempo e ritmo sejam encaradas de imediato como incapacidade. Quem precisa de muito tempo para se preparar que aceite o fato e leve mais tempo se preparando.

No que se refere à vida escolar, todas as pessoas são capazes de terminar o curso médio, com maior ou menor dificuldade, estudando mais ou menos tempo. Mas não há por que alguém com dificuldade de orientação espacial escolher especializar-se num ramo em que essa aptidão é vital e dominante. Para isso, a gente precisa ser capaz de se avaliar antes de escolher ofício ou especialidade. Não há possibilidade de vivermos achando que quem tem de se esforçar mais é menos ou inferior. O difícil mesmo é continuarmos nos esforçando, mesmo quando ninguém mais presta atenção.

Cabe a nós — educadores, pais, chefes — deixarmos bem clara essa metamorfose pela qual passa o esforço, a fim de mantê-lo mesmo quando não for mais objeto de gratificação e atenção. Criando crianças com excesso de benevolência, com medo de cansá-las, dificultamos o empenho, sem o que não há vitória possível na idade adulta. E a falta de realização ou realização insuficiente leva a uma sensação de fracasso e à baixa autoestima.

•

Desconforto e aprendizagem

OS NENÊS, OS BEBÊS, OS ENGATINHANTES, NO MUNDO MODERNO, SÃO CRIADOS COM LIBERDADE, CONFORTO. Os bercinhos são acolchoados; as roupas, amplas e confortáveis; as fraldas, comuns ou descartáveis, são criteriosamente estudadas para não assar, não marcar, nem incomodar, nem lassear. Todo desconforto é cautelosamente evitado. Os tecidos das roupinhas não pinicam (ai, como pinicavam as lãs de antigamente!). A primazia de investimento numa família é criar a criança no maior bem-estar possível.

Passam-se os anos; entre um tombo inevitável e outro, a criança se aproxima do tempo em que vai ter de aprender o que o professor quiser, o que a escola mandar, o que o Ministério da Educação resolver. Em dado momento, a criança tem de passar do interesse para a obediência. Se conseguir se interessar pelo que lhe foi estabelecido como tarefa, sorte dela. Existe um momento em que tem de aprender a ler, a escrever, a contar. Sempre sobra um tempinho para desenhar, pintar, colorir, dobrar, mas não é o tempo todo.

Desde os séculos X/XI, o aprendizado ficou associado à ausência de liberdade: de se mexer, de falar, de se movimentar pelo espaço. Sentados em fileiras, tendo à frente aquele que vai explicar, apresentar, corrigir, os alunos se constituem e se organizam nas atuais salas de aula. Deve haver algum mérito nesse sistema, já que sobreviveu por cerca de mil anos na sociedade ocidental. O objetivo é o aperfeiçoamento da mente e do raciocínio, por meio de matérias áridas.

Há mil anos, não posso imaginar o sacrifício que teria sido imposto às crianças nos seminários e clausuras. A sala de aula manteve-se parecida depois da laicização do conhecimento e da democratização da educação.

Não há mais mística nas salas de aula onde aprendemos as dez, onze matérias básicas ditadas por um Estado laico que não faz parte ainda do imaginário infantil. A aprendizagem místico-religiosa da era medieval tirava a liberdade da criança em nome de instituições que ela conhecia: Deus, passando pelo papa, até seus professores padres e freiras. Continham-se nas suas fileiras de carteiras desconfortáveis em nome de Deus e de seus titãs.

Hoje, a ordem e a disciplina desconfortável ficam por conta de pessoas que representam um poder que as crianças não entendem, mas assim é e continua sendo. Curiosamente, isso acontece na maior parte das escolas em quase todo o mundo. E a primeira infância nesses mesmos lugares vai ficando cada vez menos desconfortável.

Entrar em contato com o conhecimento oficial vem junto com o relógio regendo a vida: *aulas de cinquenta minutos, recreio de meia hora, ginástica duas vezes por semana* e o resto, de preferência, quietos e dedicados à escuta e à repetição imposta por um "fora desconhecido". Mas, como tudo, parece que isso continua necessário. Livres como na primeira infância, não se aprende análise sintática, não se aumenta o vocabulário. Não se lê livro correndo pelo pátio.

A função da imobilidade é permitir um investimento no pensamento, na curiosidade, na percepção e no trato da memória. Mas quem quer isso aos 8, 10 ou 12 anos? Isso está na cabeça dos adultos. Nós atrás da mesa, professores, temos uma visão do todo do currículo e das necessidades didáticas. A criança só sabe que ela tem de ficar quieta um número infinito de horas por dia e que isso não se parece em nada com suas necessidades.

As escolas modernas, democráticas, construtivistas que seja, vêm testando mudanças por meio do equilíbrio entre conforto e desconforto (eles não dizem assim, referem-se à liberdade). Mas como preparar o púbere e o adolescente para o vestibular ou para apresentar-se com um histórico escolar, para fazer o exame do Enem, se não conseguirmos fazê-los aceitar o desconforto?

•

Um recreio à moda antiga

Entre as escolas chamadas modernas e as mais conservadoras ou tradicionais, encontramos um amplo leque de diferenças. Vou tomar aqui um aspecto em especial: a segurança no recreio. As crianças diferem entre si pela genética e pela história pessoal, reagindo de diferentes maneiras quanto à disciplina e à competição. Crianças fortes, ágeis, espertas, com bom tônus muscular e boa visão de distância vivem felizes em qualquer escola, do ponto de vista das atividades fora da sala de aula. Sobressaem, se defendem — dominam o cenário. Enquanto isso, as menores, mais frágeis, menos hábeis fisicamente temem a presença das fortes e dependem da intervenção de serventes, bedéis, monitores, eventualmente professores para ser protegidas de apanhar e de ser humilhadas.

Esses episódios intensificaram-se de tal forma no mundo todo que agora há um termo que os designa: *bullying*.

O *ranking* entre os mais fortes e os mais frágeis não passa primordialmente pela produção intelectual, pelo menos nos primeiros anos de escola. Não adianta ter aprendido a ler primeiro, ter boa caligrafia e ser por isso elogiado pelos professores. Entre as crianças, o valor está na habilidade com que se consegue gerenciar o corpo. É preciso saber correr, jogar, lançar, bater, se equilibrar, enfrentar, não chorar à toa — enfim, sobreviver.

Modernamente, foi introduzida na pedagogia a ideologia da "não intervenção", como se o tônus muscular fosse resultante não de genética, mas de um dom divino a ser aperfeiçoado pelo uso, que deve ser livre. Tônus muscular, além de carga genética, conta também com a história de vida, o tipo de exercícios que se faz, os irmãos, primos e vizinhos com quem se convive, se compete e são tomados como modelo.

Certos tipos de escola, tidos como modernos e liberais, fazem voo rasante sobre esse assunto, como se a interferência danificasse o equilíbrio natural. No meu entender, isso é falso democratismo, uma má compreensão do papel da competição no desenvolvimento infantil.

Deixar crianças livres para resolver problemas de obesidade, dislexia, questões psicomotoras na primeira infância pode funcionar como uma condenação a uma longa vida de cidadão de segunda classe. Mesmo que logo mais os valores intelectuais de apreensão e aplicação de conteúdo comecem a valer, deixando em segundo plano as habilidades motoras, os primeiros anos deixarão marcas indeléveis. Criança precisa de proteção na liberdade dos pátios de recreio.

Lembro-me das primeiras palavras de uma criança que conseguiu sair de uma escola libertária na qual fugia do recreio para a segurança da casa da caseira. Ao chegar em casa, no seu primeiro dia em uma escola mais "careta", perguntaram-lhe como tinha sido. Ela respondeu apenas isto: "Tem um homem lá que separou duas crianças que estavam brigando". Desde então, nunca mais precisou se refugiar para fugir à sanha dos mais fortes e conseguiu se desenvolver no que lhe era mais fácil — os dotes intelectuais.

É preciso perceber que a liberdade vale entre semelhantes. As crianças pequenas diferem muito umas das outras, e o sentido de compaixão e alteridade é incipiente. Portanto, a liberdade desprotegida pode ser extremamente massacrante para uns e palco de exibição de força para outros. Não é o melhor ambiente para um desenvolvimento equilibrado.

•

A regra libertadora

QUASE TODO DIA, JORNAIS TRAZEM NOTÍCIAS SOBRE MAUS-TRATOS QUE CRIANÇAS E JOVENS IMPINGEM UNS AOS OUTROS DE MANEIRA QUASE SEMPRE DISSIMULADA, MAS MUITAS VEZES ABERTAMENTE. O nome internacional dado a esse esporte juvenil é *bullying*. Esse fenômeno interpessoal atravessa as classes sociais, tanto que até a herdeira do trono japonês foi defendida de um grupo que a importunava. Se até a filha do imperador, por que não nossos filhos, simples plebeus ocidentais?

O medo de profissionais da educação de ser tachados de autoritários pode criar uma terra de ninguém nas relações entre os jovens. É por essa brecha que a crueldade entre colegas grassa, para gáudio de uns e infelicidade de outros.

Cercear a liberdade da criança de manifestar uma opinião não é modernamente aceitável. O *bullying* fica como se fosse mais que uma opinião. Fazer pouco caso de alguém não é mais do que emitir uma opinião. Mas o contexto pode impedir o outro de retrucar e se defender.

Em uma novela da TV, um exemplo. Um adolescente se apaixona por uma garota cuja aparência não é a ideal de seu grupo: ela é gordinha e desengonçada. Está implícito que ninguém deve namorá-la. Muito menos deveria um rapaz tão bonito se apaixonar por ela. Nosso herói enfrenta a galera que goza dele, dá risada e vaia. É um belíssimo apanhado das forças que impedem a expressão real de um ponto de vista desviante. Está previsto como a gente deve ser. Não seguindo a regra, seremos objeto de escárnio, exclusão e sei lá mais o quê.

O mau aluno que não é adequado na sala de aula também cai nessa categoria, despertando sorrisos irônicos e outras expressões de desprezo. O rapaz tem de escolher a moça certa, o menino precisa saber jogar bola, ninguém pode ser gordo, muito menos chorar. Qualquer comportamento desviante é castigado.

Como enfrentar isso na escola? O que o adulto pode fazer para reeducar dentro da ideologia de que "quem não se comunica se estrumbica"? Até onde pode ir a livre expressão sem cair na crueldade? E por que as crianças e os púberes são tão intolerantes?

Se os adultos forem os autores das limitações, as crianças ficam mais livres para divergir, inventar e até mesmo criar. A boa escola tem suas regras e fornece o espaço para a conquista sem que o aluno precise se expressar de forma destrutiva. Se a escola permite fazer tudo — leia-se, se ninguém propõe regras —, o aluno acaba atropelando o próximo, aquele que é diferente do que a maioria determinou ser correto.

Desde sempre, na aula de educação física, aqueles escolhidos para os times logo de início são os bons de bola. Os piores serão escolhidos por último, ficando durante minutos em grande agonia. Mas, na aula de matemática, o bom de contas vai tirar nota mais alta. Dentro dessas limitações que cada um de nós tem, não é preciso caricaturar. O recurso à caricatura tem que ver com a falta de parâmetros. Se a escola estabelece limites, horário, comportamento em classe, até o malfadado uniforme — que já caiu em desuso total —, abrem-se muitas brechas para pequenas rebeliões não obrigatoriamente cruéis.

Os professores não precisam ter medo de estabelecer normas de bom-senso para que os jovens inventem contrapontos. Se eles estão inteiramente liberados, o colega passa a ser o contraponto: o gordo, o ruim de bola, o mau aluno, o gago, o que a mãe veste mal.

•

Malqueridos mestres

"Araldite" na cadeira da professora, carros riscados e apedrejados nos estacionamentos das escolas, olhares de desprezo e raiva — é o mínimo hoje em dia entre as agressões a que mestres, sem qualquer pudor, são submetidos pelos alunos. Não que nada disso não acontecesse anos atrás, mas a frequência dos eventos aumentou muito.

Tenho perguntado a uns e outros luminares, arautos da educação, como explicam tanta emoção negativa e forte dirigida aos professores. A resposta mais frequente fala do conteúdo das aulas, que não teria relação com a vida cotidiana. Mesmo que assim fosse, mesmo que a função da escola não fosse exatamente ampliar horizontes, ainda não está explicado o porquê de tanta raiva. Sem falar que no dia a dia, por incrível que pareça, volta e meia usamos a regra de três, seja para entender a inflação seja para calcular uma mesada justa; e, para chegarmos a tal regra, precisamos já ter entrado em contato com números e suas propriedades, como as operações. Não me parece que alguém tenha nascido dotado do conceito de multiplicação e divisão, por exemplo. E ninguém decora tabuada com grande gozo.

Representar quantidade com signos gráficos, números, letras, elaborando todas as propriedades inerentes à lógica dos números, pede que o aprendiz se disponha a uma submissão: a de ainda não saber. É preciso que sejamos capazes de aceitar que em torno de nós existem coisas, fatos e conceitos que devemos humildemente aprender e assimilar. Para aprender, além de termos de nos conformar com a ideia de que não dominamos certo conhecimento, é preciso que este seja apresentado na ordem e no tamanho adequados. Faz parte da arte de ensinar conhecer quanto, como e em que ordem o conhecimento deve ser transmitido.

Chama-se isso de técnicas de ensino, didática — parte da pedagogia.

Quem ainda não sabe ler não tem outra saída a não ser se revoltar, arvorar-se arrogante quando for submetido a tarefas nas quais a compreensão de texto for necessária. Para um iletrado, esse monte de sinais que constitui a escrita não ilustra, só atrapalha. Para que um aluno de terceiro ano possa ter prazer em aprender história, ele precisa saber ler e entender texto. Se não, história vira uma tortura.

Tenho a impressão de que a rebeldia e a agressividade dos alunos não são causadas pela personalidade do professor ou pela qualidade do conteúdo, mas sim pela defasagem que existe entre a aptidão necessária e a exigência da tarefa.

Em tempos em que a reprovação vai ficando menos frequente porque a dor psíquica que provocaria deve ser evitada, a ampliação da defasagem tende a aumentar. Já ouvi de muitos luminares a defesa da pedagogia libertária e complacente, que redunda em não submeter os alunos às dificuldades naturais do processo de aprendizagem. Se o aluno não pode sofrer essa derrota hoje, no ano que vem ele vai ficar muito humilhado por não conseguir acompanhar. E no outro ano vai ficar pior ainda.

Associo — não pretendo explicar completamente — o ódio que o aluno nutre pelo professor a esses buracos negros que vão se acumulando na mente deles. Buraco negro — no céu ou na terra, no espaço ou na sala de aula — destrói. Esses buracos negros na vida escolar dos alunos simbolizam dificuldades, e não dá para aguentar quatro a cinco horas diárias de sensação de incapacidade e impotência, dia após dia, semana após semana.

Como aprender não se faz por salto, e sim por passos que seguem passos, quando a gente perde conhecimentos importantes, vai se sentindo cada vez mais "por fora". Claro que alguns alunos aguentam a tensão melhor do que outros. As pessoas não são iguais. Mas o número dos que não aguentam a tensão aumenta a cada dia. Aliás, já houve tempo em que era de senso comum dizer que reprovação e segunda época não foram inventadas para cachorro: são oportunidades dadas para que alunos em atraso possam se recuperar. Não importa se o que provocou o atraso foi nascimento de irmãozinho, separação dos pais, ou se simplesmente o aluno tem dificuldade em determinado tipo de pensamento (aritmético, verbal ou outro qualquer). O sistema de promoção e avaliação oferece, ou deveria oferecer, oportunidade de recuperação. O que não pode ocorrer mesmo é fingir que não há atraso.

Aluno que não recebe atenção e compreensão para a sua dificuldade se enraivece e se rebela. Que mais pode fazer?

•

Visibilidade (e $) para os professores

Existe certa unanimidade no que diz respeito à importância do professor na facilitação do processo de aprendizagem. Todos concordam que o professor precisa ser bem pago. Parece existir uma correlação clara entre rendimento e eficiência. Mas só a questão salarial não me parece suficiente. Claro que o salário é importante, mas ter seu trabalho visto e admirado também é. Vivemos em uma época em que todo mundo — professores inclusive — gostaria de sair da sombra e do anonimato. Uma profissão na qual o entusiasmo é tão importante depende muito mais de reconhecimento e notoriedade.

Voltando a muitas e muitas décadas atrás, já houve tempo em que conhecer o professor, saber da vida dele, ser reconhecido e cumprimentado por ele dava ponto no placar. Valia a pena conhecer os professores, saber deles. A velha imagem da maçã na mesa do professor apagou-se. Que família faz esforço para agradá-lo hoje? Ainda é uma honra receber sua visita? Ainda é, mas não tanto quanto antes.

Proponho que se anexem aos programas de valorização do professor projetos pensados por especialistas para tirá-los da sombra: concurso de redação, passeios, excursões, congressos municipais ou regionais, tudo com alta visibilidade, noticiado nos jornais, com repercussão na mídia. A ideia é transformar os professores em uma classe que aprende, se diverte, troca informações, compartilha conhecimento, tudo isso diante da população. Assim saberíamos quem são e eles também se sentiriam acompanhados. É uma sugestão, apenas, pois não sou especialista em promoções.

A condição do professor é muito especial. Quem vê seu trabalho é apenas o aluno. Nem a sociedade, nem os vizinhos, nem os amigos sabem de sua vida profissional, apesar de sua importância. O professor presente na mídia sentiria que está sendo valorizado pelo mundo. E, se ele passa a ser valorizado pela sociedade, as autoridades competentes serão forçadas a aumentar seu salário. O professor está mergulhado na sombra — e, na sombra, o entusiasmo é pequeno.

A profissão de ensinar, motivar, entusiasmar pelo saber depende do sorriso de satisfação do professor e, hoje, ser reconhecido é ser visto. O professor universitário pode ser conhecido por suas pesquisas e produção intelectual. O professor de ensino fundamental e médio, cuja tarefa é transmitir as fundações do conhecimento, depende apenas do aplauso dos próprios alunos.

Gostaria de ver eventos de professores na televisão, ver o rosto daqueles que são apontados como os responsáveis que "não estão dando conta". Vamos dar visibilidade às feições dos professores do bairro, da região, da cidade.

Até hoje sei o nome dos professores da minha escola primária e do ginásio, dos preferidos e daqueles de quem tínhamos medo. No começo do ano, a gente queria ansiosamente saber com que professor cairíamos. Eles não eram anônimos nem para nós nem para as redondezas. A gente sabia quem era quem, simpatizava, temia. "Você caiu com a dona Eunice? Que azar! Ela é brava..." Ter latim com o professor Ruy era uma desgraça. Assim eram os professores que existiam, tinham um rosto, faziam parte do coletivo.

•

Em casa

O sonho dos pais

Desde que sou gente, escuto mães dizendo-se orgulhosas de si mesmas, contando, com brilho especial nos olhos, como conseguem orientar os filhos e afastá-los do que consideram péssimos hábitos. Parece que as mulheres, ao se tornarem mães, elaboram e internalizam uma ideia de que filhos ou filhas devem ser assim, fazer "assado", comportar-se de certa forma. Infelizmente, eles não obedecem aos sonhos dos pais — ou quase nunca o fazem.

São inúmeras as frases, os conteúdos, a partir dos quais se reconstitui facilmente a imagem idealizada dos pais: "Mas ele passa o dia na frente da TV se a gente deixar", "Ele não larga os joguinhos nem para comer", "Criança não pode ficar parada". O mais comum é que o filho ideal seja aquele que se movimenta, estuda, tem amigos — de preferência muitos —, come bem, dorme, conversa. O filho ideal é o arremedo daquele que virá a ser um executivo, aquele que todas as multinacionais desejam, um alto funcionário.

Um indivíduo bem-sucedido deve, de fato, ser um tanto de muitas coisas para dar certo em qualquer emprego. O problema é que exigimos que as pobres crianças sejam perfeitas, completas, tanto em casa como na escola, com os amigos e onde mais circularem. Isso não é vida, é quase um cárcere, no qual os pais fazem as vezes de carcereiros que vigiam 24 horas por dia. Diferente do executivo, do adulto, do artesão, que são regidos pelas regras do seu trabalho apenas nas suas horas de vida profissional.

A profissão das crianças é crescer, aprender, se desenvolver e, para isso, precisam de espaço, de liberdade. No esquema de vigia 24 horas, a tão propalada privacidade vira fumaça ou é exercida às escondidas. Os adultos se esquecem de que eles não são tão adequados em todas as instâncias da vida, como desejariam. Esse treinamento, essa vigilância ininterrupta, a avaliação constante só podem levar a transgressões.

Espero que não tomem isso como ameaça. Apenas tento chamar a atenção dos pais para que comecem a perceber que as crianças não conseguem mais ter seus segredos. E ter segredo é inventar, é imaginar, é ser criativo.

O senso de responsabilidade dos pais cria o desejo de padronização, pois eles temem que a falta de vigilância permita que os jovens se esquivem dos bons hábitos, considerados geradores de bons cidadãos. Entretanto, ao mesmo tempo, os adultos gostariam de descobrir em todos os seres sua capacidade criativa.

Todo pai quer filhos ousados, com espírito de aventura, com senso de humor e com habilidades em alguma arte de salão, a ser cultivada nas eventuais brechas que o cotidiano superocupado permita. Mas é preciso permitir que tenham seus segredos.

A criança sonhadora, que gosta de sua casa, que se satisfaz em jogar consigo mesma, que gosta de observar o mundo pela tela do cinema ou da televisão aparece para os pais como marcada para o insucesso. A criança tímida é vista com um futuro pouco promissor — enxergam-na preterida na carreira e no amor.

Que tal permitir que cada criança viva do seu jeito o inevitável desenvolvimento pessoal? Aí temos de nos haver com os limites. Cabe estabelecer pontos de chegada: o conteúdo escolar precisa ser acompanhado. Não se pode destratar os outros, especialmente aqueles que não têm como responder à altura: crianças menores, funcionários subalternos etc. Com meia dúzia de princípios gerais, que têm tudo que ver com a vida futura — não importa qual —, já temos as balizas dentro das quais todos podemos ser livres. Não é necessário vigilância 24 horas.

Conheço um sem-número de tímidos que a certa altura da vida viraram até assanhados. Jovens sonhadores que se acertaram. Conheço também quem não mudou muito. E daí? Se todos ganhássemos os primeiros lugares em tudo, quem seria o quinto, o centésimo?

Permitir ter segredos, dar espaço à criança e ao jovem é incentivar. Mas atenção: incentivar é diferente de rejeitar certos comportamentos. Evite transmitir ideias como "desse jeito você não vai pra frente", "desse jeito você vai ficar pra trás". Isso é castrador, não é incentivo.

Quem sabe, se formos capazes de transmitir que tal jeito faz o artesão, o outro jeito faz um padre, que o gozador pode ganhar a liderança etc., a criança poderá perceber o que ela quer ou o que ela não quer. Os pais não precisam se preocupar: os outros também sabem escolher. É a função das balizas — que na verdade são critérios —, que evitam a marginalização e ajudam o jovem a se encontrar. Vigilância larga e distante, porém presente, é mais eficiente que uma prisão. E prisão, muitas vezes, leva à explosão.

O caráter revolucionário da rotina

SERÁ QUE SE LIVRAR DAS ROTINAS É LIBERTAR-SE?

Não consigo pensar em efetuar intervenções ou mudanças na vida sem hábitos bem estabelecidos a partir dos quais parto para as mudanças. Em nosso cotidiano, vejo a rotina como um ponto de apoio indispensável. Vejo essas ordenações como Arquimedes via o ponto de apoio e a alavanca com a qual pretendia mover o mundo.

Eu diria: dê-me uma rotina e uma vontade de mudar para mudar o mundo.

Sem rotina, a invenção é difícil. Sem rotina, não existiria nem jeitinho — coisa tão nossa com a qual abrimos novos caminhos. Sem rotina, com tudo permitido, na ausência de qualquer ordenação, como e com que romper?

Não tenho em mente a rotina das máquinas que se repetem sem saber por quê. Falo daquela ordem que resulta de múltiplos acertos e erros que nos conduzem à melhor opção. É sempre preferível lavar o rosto só depois de lavar os dentes, para não sujar com a pasta o rosto já lavado. Sabia? Mínimos detalhes do cotidiano, assim como procedimentos complexos, não estão aí à toa. Têm uma razão de ser. Procure-a.

Ter lugar para todas as coisas pode chegar a ser uma obsessão, mas pode ser também o melhor jeito de não ter de procurá-las cada vez que precisamos delas, perdendo preciosos minutos por nada. Ordem e rotina sagradas e intocáveis paralisam as mudanças necessárias. Mas entre rotina sagrada e vida sem qualquer rotina vai uma boa distância. Felizmente.

Uma mãe suficientemente boa atende os resmungos de seu bebê. A partir da certeza de ser atendidos, os bebês vão vivenciando suas primeiras rotinas: sabem que se e quando reclamarem provavelmente serão atendidos. Pouco a pouco o bebê vai usufruir essa constância repetitiva e também perceber algumas coisas como familiares e outras como estranhas. Conforme as estranhas se repetem, vão sendo incorporadas ao universo conhecido. Se o bebê viver imerso num mundo com falta de previsibilidade, vai olhar o mundo apreensivamente. Ficará estressado.

É reconfortante perceber repetições. Temos de dar a sensação de que o mundo não é tão estranho. Conhecendo ideias e pessoas novas, criamos na nossa mente a ilha de segurança de onde podemos explorar horizontes novos.

A rotina exagerada ou sua falta podem gerar um "senhor" temido ou amado, o monstro estranho! Tem gente que passa a vida só evitando surpresas. Os carcereiros vigilantes também são prisioneiros daqueles de quem cuidam e não querem saber de surpresas. A rotina é, pois, o sustentáculo da liberdade, mas também aprisionamento.

Incapazes de usar a rotina, perdemos a segurança necessária para criar e ser livres. É porque certas certezas existem que posso usar a minha mente para brincar, inventar, bolar coisas novas. As rotinas geram confiabilidade no mundo que nos rodeia e permitem, por sua vez, libertar nossa atenção para divagar por terras novas. Uma barra rígida sem ponto de apoio não é alavanca — diria Arquimedes. É conhecendo os fenômenos do mundo que posso mudá-lo. É com a confluência dos dois que gero a força para mover o mundo.

Educar para a rotina, ao contrário do que se possa crer, é uma forma de gerar liberdade. Imponha-se rotina para que as crianças possam exercitar-se em contorná-la. Sem rotina, sem um jeito conhecido, executável maquinalmente, ninguém dá asas à fantasia.

Não faz muito tempo, eu vivia tentando afrouxar rotinas na minha vida, na de meus alunos ou na dos clientes. Faltava flexibilidade para resolver inovadoramente novos problemas. De uns anos para cá, percebo-me lutando na direção oposta: quero salvar as ideias de repetição e rotina que foram relegadas ao escárnio geral. Tendo a rotina virado palavrão, perderam-se muitos graus de liberdade, ao contrário do que se possa crer. Reimplantar corretamente a noção de rotina como ponto de apoio indispensável pode ser visto hoje até como um ato revolucionário.

Organizando a curiosidade

DESPERTAR A CURIOSIDADE — EIS A QUESTÃO! Ela é o foco central nas teorias sobre o aprender. A ideia de que despertando a curiosidade já estaríamos diante de prontidão para aprendizagem vem se firmando há algumas gerações. Até que seria bom se fosse assim, mas a mente é infinitamente mais complicada e a própria humanidade é mais complicada ainda. Quando ficou clara a função da curiosidade como parte importante no processo de aprendizado, desabrocharam umas tantas teorias de como estimulá-la.

Antigamente não se dava muita importância à curiosidade, que era vista apenas como natural. Hoje já se tornou uma questão crucial a ser implementada e entendida como parte do processo mental e, de repente, ganha foros de "ideologia". Tudo merece ser explicado, como se a curiosidade fosse filha direta de certo tipo de razão. E tome explicações!

Qualquer ideia ou informação exige que seus porquês sejam explicitados. A curiosidade reprimida ou aprisionada parece interromper todo processo individual ou grupal. A noção de dar livre vazão à curiosidade está tão arraigada que, quando os mais velhos falham em fornecer todos os esclarecimentos solicitados, se sentem culpados.

Nos dias atuais, em que é normal e comum o adulto surpreso diante de um questionamento, muitos procuram se adiantar às perguntas. Mas, quando a resposta vem antes do questionamento, poda-se todo um processo mental de "bolação", fantasia e imaginação, o que empobrece o desenvolvimento. Quando eu sei, não preciso imaginar.

Ser curioso não é defeito. Não saber é uma condição necessária para aprender. Cabe ao adulto assistir ao desabrochar da fantasia, intervindo só quando o aprendiz corre perigo ou vai deixar de perguntar. Já vi pais ensinando o bebê a esticar o braço para alcançar alguma coisa que ele apenas parece estar querendo pegar. Se o adulto lhe dá o objeto, tira a chance de a criança descobrir. Se ele ensina a pegar, "desensina" e poda o processo de tentativa e erro.

Todo mundo deve ter o direito de tentar descobrir respostas, mesmo que perca tempo ou erre. Pelo caminho da tentativa e do erro, podemos até não descobrir as coisas que queríamos saber, mas aprendemos muito sobre como aprender e sobre nós mesmos como aprendizes.

Tal é a ansiedade do adulto em querer ser um educador eficiente das novas gerações (seja como pai seja como mestre) que elimina a ocasião da descoberta. Esse mesmo problema é causado pelo apego excessivo à televisão, à internet e a outros meios de comunicação formais que antecipam indiscriminadamente as informações. Os chamados "buscadores" são substitutos rápidos e rasteiros, onipresentes e oniscientes — muito mais eficientes e completos do que todos os pais e mestres se esforçando para atender ao menor sinal de curiosidade. Mas eles podam a curiosidade.

Aliás, não é só a curiosidade que vem sendo prejudicada por esse processo. Outras aptidões também estão caindo em desuso, substituídas pela tecnologia.

Antes de dormir, se não todas, pelo menos muitas crianças continuam a ouvir historinhas contadas e recontadas por algum adulto. Ai do contador de história que mude uma só vírgula da história anteriormente contada! Diante da máquina, a criança, que nem precisa pedir atenção, sabe que essa não erra. O DVD conta a mesma história todo dia do mesmo jeito. Qual vai ser o resultado dessa falta de diálogo?

Com certeza, faltarão aquelas pegadinhas que a criança atenta não deixa passar ao verificar a exatidão da repetição.

Ouvir histórias continua a ser uma ação interativa na qual criança e adulto se testam. Embora a relação seja desigual, apesar de um contar e o outro ouvir, ela continua interativa. O que já não ocorre diante da máquina. "Eu, criança, ouço, mas não o faço passivamente. Sou passivo só diante da máquina." Eis um passo importante na organização da curiosidade.

Entretanto, não basta querer saber e obter resposta. É preciso desenvolver o próprio jeito de fazer alguma coisa com as informações obtidas. É necessário aprender a perguntar e a desenvolver um jeito para obter a resposta. Posso recorrer à memória ou perguntar a alguém que saiba mais do que eu.

Aprender é descobrir para depois saber e, só então, avaliar ou memorizar. As etapas são: dúvida, fantasia, pergunta, verificação de veracidade, armazenamento da informação (memória) e, em algum momento, aptidão para usá-la. Quando a etapa da curiosidade/fantasia é eliminada, está sendo plantada a primeira semente de um futuro dogma, de um preconceito ou visão rígida dos fatos — verdade eterna. Esse é um dos perigos do autoritarismo.

•

Equilíbrio do casal

"Coitadinho" é uma expressão comum para falar de crianças, tanto faz se menininhos ou menininhas. Se for bonzinho, substituímos o "coitadinho" por "graça de criança". Em verdade, levando a linguagem a sério, vemos a criança como destituída, pobre, infeliz, cujas dores os pais se veem no dever de compensar. Não conheço outro país com a mesma visão que nós. Lá fora, *poor little thing* ou *la pauvre* usa-se só quando há sofrimento de fato.

Sem simplificação, atribuo essa forma brasileira de encarar a criança a uma reação à maneira como se comportam aqui entre nós. Uma vez, veraneando em um hotel em Aruba, pude distinguir rapidamente quais mesas tinham famílias da América Central ou do Sul e aquelas de europeus ou americanos. As crianças das primeiras famílias eram impacientes, briguentas, reclamavam, teimavam e punham-se a correr sem limites pelo salão. Será que o denominador comum seria a existência ou não de "babá"? Esta não é só uma encarregada de cuidar da criança, representa a possibilidade de o casal, apesar de ter filhos, não ter de mudar o seu estilo de vida.

É comum escutarmos a criança chamando a mãe num tom normal sem ser atendida. Aí ela eleva o tom. Se a mãe ainda não atende, a criança apela para o grito. Se a babá estiver presente, cabe a ela distrair a criança. Entendo essa cena como pais e filhos se atrapalhando. Não que os pais não amem seus filhos, apenas não estão de prontidão.

Ensinar boas maneiras, bons hábitos de entretenimento e de higiene demanda esforço, tempo e paciência. Não é no grito! Hábitos são instaurados passo a passo, pedindo dezenas de repetições. A criação de hábitos é parte importante da tarefa de pôr criança no mundo. Educar é repetir. Acatar horários de dormir, por exemplo, não é fácil. Adormecer é desligar-se do mundo — o que, para muitas crianças, pode ser assustador. Além do medo, dormir é se excluir, coisa de que ninguém gosta, muito menos criança. Na fantasia infantil, a vida dos adultos começa quando elas vão dormir.

É por essas e outras que elas se apegam tanto a rituais para adormecer. Histórias, cantigas, orações não podem ser usadas só quando os pais têm tempo. Tem de ser sempre igual, para que a criança tenha certeza de que será igual também quando acordar.

Quando um casal resolve ter filhos, deve saber que a vida mudará, mesmo que tenha babá, pajem, enfermeira ou avó para ajudar. O casal será sempre a figura central do imaginário do filho. Filhos trazem novas responsabilidades e rotinas. A vida de uma criança vai mudar muito a privacidade e a intimidade do casal. Mas cuidado: ela não pode desaparecer. Aí começa uma roda-viva perigosa para ambos os lados. Se os pais defenderem por demais o seu espaço, o filho se sentirá excluído e passará às retaliações: excesso de demanda. Ser excluído gera uma sensação de aniquilação, uma ameaça psíquica grave.

Há um mistério em como equilibrar as necessidades do casal e da criança. Não existem receitas em farmácia de manipulação, nem a psicologia tem muito a dizer, a não ser que é preciso bastante cuidado para evitar que a sensação de inexistência dure demais. Para uma criança, chamar e não ser atendida soa como "será que eu estou aqui, será que eu existo?" Para o adulto, não ser atendido num pedido, tipo hora de dormir, hora de comer, também traz a sensação de inexistência.

O recurso mais comum para se fazer ouvir é falar mais alto. Se a criança precisa lutar muito para se sentir vista e percebida, ela vai encontrar um jeito de chamar a atenção — não para amolar, e sim para extinguir a sensação desagradável provocada pela exclusão. Cabe aos pais reverter o processo, mas isso não se faz com complacência, e sim com uma presença mais consciente. Nenhuma criança quer "chamar a atenção" se não estiver angustiada, assim como os adultos não querem usar de violência ou braveza. Todo mundo quer se sentir existindo. Ninguém suporta o olho que não o enxerga ou o ouvido que não o escuta.

•

O público e o privado

NÃO HÁ QUEM NÃO RECLAME QUE NINGUÉM NESTE PAÍS DISTINGUE CLARAMENTE O QUE É PÚBLICO DO QUE É PRIVADO. No noticiário escrito ou falado, há todo tipo de fofocas sobre personalidades. Fica parecendo que é só aí que ocorre a confusão. Se pararmos para observar, veremos que isso está presente no cotidiano de toda a população. Nos restaurantes, grupinhos de garçons batem papo enquanto os comensais abanam os braços pedindo atendimento. Nos salões de beleza, o bate-papo entre funcionários é comum, transformando a cliente numa mera cabeça com cabelos a ser tratados. Isso não passa da irrupção do privado (a conversa dos funcionários), ignorando que estão trabalhando num lugar público, prestando um serviço.

O atendimento em bancos e repartições públicas está sempre submetido a telefonemas particulares, a papo com o colega ao lado. Estarei eu procurando um elitismo? Ou eficiência? Mas onde começa isso tudo? Aponto uma hipótese que, se não esgota o assunto, pelo menos pode ser parte dessa síndrome de confusão afetando a eficiência.

As escolas e as famílias constituem as duas instituições mais poderosas que influenciam a vida das crianças desde muito cedo. Houve um tempo em que ficava nítida a separação das funções que cada uma exercia na vida. Cabia à escola gerar bons hábitos de realização das tarefas relacionadas com a aquisição de habilidades e conhecimento. Cabia à família criar bons hábitos de cuidados com o corpo (alimentação, sono, higiene pessoal, vida afetiva etc.). As duas instituições apresentam áreas que se sobrepõem, mas isso não invalida a existência de áreas exclusivas de cada uma delas. Professores e outros funcionários da escola ajudam a aprendizagem contando também com simpatia e afetividade. Mas o professor não está lá para ser simpático, e sim para ser um modelo de concentração, ordem, perseverança e até de certa estética.

Os afetos na família têm um peso maior do que na escola. A construção de uma rede de afetos é a essência da vida de uma família, mas não é o primordial em instituições de ensino.

Antigamente, não eram levados a sério os clamores contra certos professores. Se eles ensinavam bem, não importava muito que fossem exigentes, bravos ou mesmo antipáticos. Ser amado misturou-se com tudo — vale tanto para casa como para a escola. Os pais vigiam os professores e a direção da escola, e os professores informam e querem ser informados do estado de ânimo, do tipo de relação, da fase pela qual a família está passando (novo irmão, troca de babá, ausência do pai, mudança de casa). O resultado dessa interpenetração eu considero a perda total de uma oportunidade de levar a criança a vivenciar a separação entre o privado — ela e a família — e a escola, onde a criança começa a desempenhar um papel público. Lá ela é de tal classe, aluna de tal professora, submetida a regras comuns a todos.

Quando uma criancinha deixa de vivenciar a independência dos poderes à qual ela é submetida, está perdendo a chance de elaborar essa primeiríssima forma de papel social independente.

Pular essa etapa, não deixar essa separação bem nítida, é pelo menos retardar a formação da cidadania. Se não danificá-la para sempre.

•

A geração dos "mexe com"

Não é de hoje que me pergunto o que vai acontecer com os jovens que começam a vida profissional. A questão não é só pensar o papel dos cursos superiores ou técnicos, mas também o que eles vão encontrar quando quiserem se inserir no mercado de trabalho. Tomarei como exemplo uma área em que isso é bem claro: as glamorosas profissões que podemos reunir sob o título genérico de comunicação social. A cada dia surgem mais cursos que atraem os adolescentes, porque acenam com saída do anonimato, visibilidade e ascensão social — anseios atuais. Cabem aí os cursos de publicidade, *marketing*, relações públicas, jornalismo, rádio e TV. Nas salas de aula, os alunos desenvolvem aptidões necessárias para o desempenho das tarefas, mas quem ensina a entrar no mercado? O jeito de se inserir fica por conta do acaso ou de eventuais relações pessoais.

Valores como estabilidade e plano de carreira não são mais garantidos. Empregos de fato diminuem à medida que aumentam as terceirizações.

Já vai longe o tempo em que se saía da escola com uma noção clara do mundo a encontrar. Vejo um grande vácuo entre o que recebi (minha geração) e o que posso proporcionar hoje aos jovens. Fala-se à exaustão da importância de redes de relações sociais, da informação, da criatividade, da flexibilidade, só que as escolas nem ensinam, nem treinam, nem se ocupam em desenvolver tais aptidões. Mesmo que quisessem, elas não são o lócus de atenção individual — postura necessária para que cada um encontre sua própria brecha para, a partir daí, desenvolver seu potencial com tudo que a escola já ensinou. A ela cabe transmitir conteúdos e técnicas.

Sair da escola — na minha opinião defasada — e cair no mundo novo, tão pouco previsível, é um choque. A mesma aparência pessoal boa para se apresentar na MTV não é adequada ao candidato a uma vaga em administração. São chaves que dependem de boa observação do mundo à sua volta. Sucesso, visto como satisfação no trabalho, aliado à remuneração suficiente para o projeto pessoal, não segue mais os degraus tradicionais. Os modos de produção e a variedade de objetivos não têm estabilidade no tempo.

Hoje, juntam-se interesse, aptidão e imersão *horizontal*, isto é, participação em grupos de pares. Não é o superior, o que está acima na escala de poder, que comumente abre portas. É na horizontalidade, entre colegas, que está a possibilidade de inserção. É preciso conhecer gente da área almejada, ou não haverá canal para mostrarmos nosso talento e arte.

O tempo de mandar currículo e ficar esperando resposta acabou. Além de a confecção do currículo ser hoje arte, quase ciência, é preciso ainda saber a quem enviá-lo, para que não caia no fundo de qualquer gaveta — o destinatário deve estar avisado.

Nas profissões mais tradicionais, portanto menos glamorosas, os jeitos tradicionais podem continuar a vigorar, se bem que já com data marcada para desaparecer. Aos colegas de classe — patota ou panela — cabe referendar uns aos outros no início de carreira. Um jornalista, além de ter um bom texto — criativo —, deve ter um campo de interesse para que seus pares possam indicá-lo.

Os nossos jovens comunicólogos podem ser vistos como *experts* em "mexer com" movimento, música, foto, luz, texto etc. A constituição de carreira-solo implica interdisciplinaridade e tolerância a caminhar fora de rotas convencionais. Novas formas de convívio (a horizontalidade de que falei), a solidariedade, o cooperativismo constituem o chão, o novo meio onde crescerão esses novos cidadãos.

Vivemos momentos críticos. Raros são os adultos capazes de se orientar diante desse emaranhado. Por onde vou? — perguntam os jovens. Só posso responder que o segredo está em relacionar-se bem com seus pares. E, dentre estes, os que parecem "mexer com" as mesmas coisas que você.

Não adianta olhar para cima: hoje, nossos guias estão ao nosso lado.

•

... e eu chorei!

NÃO SOU MUITO BOA DE DIGITAÇÃO. Por isso, uma jovem senhora de mais de 30 anos, que estudou em colégio de freiras em uma capital brasileira que não quero revelar, se ofereceu gentilmente — estávamos numa pousada — para tomar o ditado. Descobri, então, que as muitas representações gráficas que correspondem em português ao som /s/ lhe eram completamente desconhecidas: ss – c – ç – sc – xc – s – x, era tudo a mesma coisa. Ela jamais tinha se tocado que o som /s/ poderia ser escrito de tantas maneiras. Não é que tivesse se esquecido, mas jamais se dera conta dessa possibilidade. Disfarçadamente, verti algumas lágrimas. Sua origem não era humilde, seu ofício era trabalhar com computador, efetiva no serviço público. Ela simplesmente nunca tinha tomado um ditado. A conexão entre som, representação mental e grafismo só pode ocorrer de forma eficiente se tarefas escolares tais como cópias e ditados forem feitas e corrigidas. Concordo que o português é complicado. E o ditado continuava, sendo que cada palavra com a letra "s" eu soletrava.

De repente apareceu uma palavra nova — "psíquica". Aí ela disse, para que eu vertesse mais lágrimas, que isso ela até sabia o que significava, mas nunca tinha visto escrito. Por isso não saberia escrever.

Diante de tantas e muitas outras que se seguiram nas três laudas de texto, permaneço até agora estarrecida. Não se trata de uma pessoa qualquer, ela tem computador e *laptop*. Que provavelmente só usa para *chats* com pessoas que também não tomaram ditado na vida. Como bem lembrou uma amiga, as palavras erradas num ditado ou numa cópia tinham de ser copiadas umas tantas vezes para a grafia correta ficar memorizada. No afã de agradar, de não sobrecarregar e não chatear, as professoras corrigem menos do que o necessário. E, assim, nem frustram nem ensinam.

Eu chorei de verdade. Não podia ficar com raiva porque ela é inocente e não sabe que não sabe. Mas não erra na roupa moderna e no porte audacioso.

Isso foi uma pequena parcela de minha experiência ficando 29 dias em determinada pousada à beira-mar.

Na volta, entre redigir o título e começar este texto, tive de me haver com o entregador do açougue — jovem provavelmente alfabetizado —, e disse-lhe: "Queria três vezes o que você me trouxe". Ele arregalou os olhos e fez uma interrogação com a testa. "Vezes?", perguntou. A cozinheira, que estava ao seu lado, traduziu para outro português a minha fala: "Outros dois tantos iguais a esse". Três tantos ele entendeu. Acho que continuarei chorando...

•

Internet em vez de rua

Os adultos se espantam com a naturalidade das crianças diante do mundo eletrônico. Enquanto gente grande precisa de longas horas de explicações, consultas a manuais, as crianças parecem nascer sabendo tudo. Relacionam-se sem cerimônia com os terminais de cabos e satélites como se estes tivessem sido, desde sempre, território próprio da humanidade. Os jovens não são impactados pela tecnologia de ponta como os que nasceram antes e ainda nem bem entenderam os milagres da eletricidade. É que eles não têm medo de errar. Vivem o momento de ensaiar. Botões eletrônicos, patins, bola — é tudo a mesma coisa: novos desafios. Engatinhar, andar, jogar bola, lidar com computador se aprende do mesmo jeito. Motora ou mental, a aprendizagem se dá sempre no campo da tentativa — erros corrigidos por *feedback*. Se os antropólogos tiverem razão, isso é válido para todos os povos em todas as épocas. É errando, percebendo-se o erro, corrigindo-o, que se chega ao acerto. É escorregando e caindo que se aprende a andar.

Na fase do crescimento, todos vivemos mergulhados em processos desse tipo — sem mestre, sem horário, em clima de livre escolha, sempre prazerosos desafios. É assim que ganhamos o domínio dos movimentos da mão — para abrir porta, desenhar, fazer dobraduras, usar talheres. É assim que aprendemos a controlar braços e pernas para andar, correr, saltar, bater, chutar, acertar alvos. É ainda dentro desse mecanismo de *feedback* que aprendemos a esperar o site aparecer, a mãe chegar, a dor passar, a engolir desaforos... O bom é que essa aprendizagem ocorre em ambientes protegidos, onde as consequências não são irreversíveis. É possível refazer. Aprendendo a escrever com lápis, a criança tem o recurso de apagar o erro. E, se quiser, ela pode inventar outra coisa para fazer. Estou falando de uma época anterior à alfabetização.

A melhor ambientação do que estou falando é o que Monteiro Lobato descreveu no *Sítio do Picapau Amarelo*. Dona Benta e Tia Nastácia sempre lá, sem intervir. Só participam se convidadas pelas crianças. Lá no Sítio, não se aprendia só a fazer. Aprendia-se a discernir o certo do errado. O Sítio é um verdadeiro nascedouro de "moral da história". Nas fábulas, lendas e contos de fadas a moral não vem antes dos fatos. A moral nasce das histórias vividas pelos próprios aprendizes do viver.

Do ponto de vista mental — com prejuízo indiscutível do desenvolvimento muscular —, a relação com o maquinário eletrônico permite muito do que a calçada, o quintal e o campinho de antigamente garantiam.

Ganhar domínio do uso de um instrumento — lápis, apontador, papel, bola, *skate*, patim etc. — é sempre um fato solitário. Cada um do seu jeito, no seu ritmo, vai dominando a relação. Vencida a etapa do domínio técnico, podemos cogitar partilhá-la com os outros. Não dá para jogar queimada antes de aprender a jogar bola.

É na vivência solitária do desenvolvimento das aptidões que aprendemos a distinguir engano de erro. Nessa etapa, vivenciamos a necessidade de criar regras. É aí, ainda, que vamos inventando jeitos para conseguir persistir sem desistir na primeira dificuldade. O tal do "virtual" das interações da internet também ensina a refazer, a recomeçar, a procurar e esperar e, eventualmente, a aguentar encontros mal-sucedidos. Não se pode quebrar a máquina nem brigar com o vizinho, senão ficamos sem amiguinho ou sem computador.

Quando transpomos as habilidades adquiridas no exercício solitário, vemo-nos capazes de evitar que desavenças se tornem, por exemplo, inimizade. Ficar de mal com o vizinho ou o colega de classe complica a vida. Não é porque temos boa mira que vamos jogar pedra no vizinho. Descobrimos o que se pode tolerar e o que não devemos tolerar. É aí a sementeira da ética e da moral nascente.

Conforme amadurecemos, passamos a desenvolver menos habilidades, mas vamos aplicando as adquiridas. Todos sabem que aprender a dirigir aos 40 anos é mais difícil que aos 16. Na adolescência, já não usamos o *feedback* para as mesmas coisas que na infância. Agora treinamos dançar, paquerar, ficar e também ser entrevistados para empregos.

Como existe cada vez menos segurança fora dos muros de casa, nem se pode sonhar com o retorno à calçada. Precisamos, isso sim, olhar sem implicar com o recém-conquistado espaço do universo tecnológico — espaço seguro que resta para exercitarmos habilidades motoras, mentais e éticas. É nos *chat-rooms*, nas pesquisas de internet, navegando, que alargamos nossos horizontes culturais e praticamos a ética nos jogos, acordos, no contato com novos parceiros. A internet não é perfeita, mas é o melhor arremedo possível do crescimento em liberdade.

•

Deixe o desejo crescer

AH! VOCÊ QUER? POIS FIQUE QUERENDO.

Ficar querendo é educativo, sabia? Querer não faz mal, muitíssimo pelo contrário. Para não morrer, temos de nascer querendo e não dá para protelar. O nascituro precisa, logo de cara, de ar, calorzinho, espaço. Depois, a gente vai continuar querendo pela vida afora, só que com o tempo passamos a querer cada vez mais coisas que podem esperar. E o mais importante é que podem ser guardadas. Isso muda tudo e é parte importante da nossa vida mental.

Nascemos como verdadeiras máquinas desejantes. Vamos aprendendo a deslocar o desejo da situação de necessidade de satisfação imediata para espaços de espera mais toleráveis. Quando nenês, choramos, esperneamos até sermos atendidos, pois trata-se de urgências, como ar, proteção ao frio etc. Com o tempo, paramos de espernear, ou pelo menos espera-se que a gente vá parando.

Quero agora abordar as consequências e outros aspectos da questão, que, no vai da valsa, acaba nos transformando em máquinas de consumo, para satisfazer nossos menores desejos o mais rápido possível. Ocorre uma dinâmica na mente de quem quer, podendo ou não ser protelada. Essa dinâmica muda de pessoa para pessoa. A imagem do que queremos fica representada na mente. Se eu quero uma bola e não tenho, vou ficar encucando a bola, até desistir ou conseguir. Enquanto desejo, mantenho-a na mente, imaginando jeitos de consegui-la. É aí que reside a importância do "ficar querendo". Se a única coisa que preciso fazer é estender o braço e pegar, não tenho por que imaginar, vou aprender muito menos do que poderia. Depois de pegar a bola, não vou ficar imaginando coisa nenhuma — vou é jogar bola. Não terei pensado em por que afinal não tenho a bola na mão, na horinha mesma que começo a querê-la. Querendo conhecer melhor o mundo que me rodeia, parar para observar e entender o porquê da dificuldade. Se é fácil, se é difícil, se preciso de ajuda etc. Não estando ela disponível na hora H, tenho de olhar em torno, avaliar as possibilidades. Isto é, precisarei pensar para melhor conhecer meus semelhantes. Só essa cena, não havendo nenhuma outra complicação maior, já é um belo exercício de contato com a realidade. Pensar se aprende pensando. Satisfazer desejos demanda acesso a uma enorme quantidade de conhecimentos sobre o mundo. Não adianta querer jabuticaba na Arábia ou mesmo aqui, fora de época. Eis a geografia e um pouco de agronomia a serviço de um suco de jabuticaba. A partir da infância, quando já dispomos de certo saber sobre o mundo que nos rodeia, desenvolvemos também a capacidade de classificar para distinguir os vários estilos que podemos dar aos objetos de nossos desejos. Fruta apodrece logo, livro dura muito etc. Além de esperar, nós, como máquinas desejantes, temos de conhecer uma infinidade de "prazos de validade".

Desejar, obter e satisfazer (a nós mesmos ou a alguém) exige o uso de toda nossa maquinaria mental. O consumista não pensa, deixa-se levar como uma criança que ainda não conhece o mundo pelo grito de seu desejo. O acumulador também não usa sua máquina mental, os prazos de validade, o rol de suas necessidades no organizar a sua relação com os objetos. Acumular é não querer rever o desejo que foi atendido no ato da aquisição, não querer encarar algum engano no ato de querer aquilo de que não íamos precisar. Desejar, esperar, selecionar, optar são parte do nosso mecanismo (às vezes defeituoso) de máquinas desejantes.

Se as crianças querem, deixem-nas querendo. É assim que elas desenvolvem-se caminhando para a civilidade e a autonomia.

•

Celebrações

DESDE QUE O MUNDO É MUNDO, DESDE SEMPRE, A HUMANIDADE ORGANIZA-SE EM TORNO DA NECESSÁRIA ROTINA DO DIA A DIA ENTRECORTADA POR DATAS ESPECIAIS. Sabemos que precisamos de dias diferentes para descanso, comemoração, alegria.

Cantar junto, caminhar junto, festejar ao mesmo tempo, na mesma época, funciona como reconfirmação de quem somos e de todas as nossas pertinências. A humanidade evolui, as formas de comemorar mudam, mas a necessidade da confirmação de que estamos aqui, de que existimos, não desaparece.

No 7 de Setembro, por exemplo, as solenidades cívicas confirmam a existência do Brasil tal qual é hoje, livre e soberano. Na Igreja Católica, o sacramento do crisma confirma o batizado; os aniversários confirmam nosso nascimento; nas vitórias esportivas e artísticas, pelo orgulho que sentimos, confirmamos a nossa nacionalidade e regionalidade. Passeatas, carreatas, torcidas, hinos, *slogans* são também confirmações de pertinência. A tietagem e as torcidas organizadas são formas modernas de manifestação de comunhão com os que fizeram a mesma escolha.

Cada família também tem seus rituais, solenes ou singelos, como jeito e hora de dar presente, certas canções sisudas ou engraçadas que todos entoam juntos, pois fazem parte da história comum. A importância dos rituais é sempre trazer à tona nossa própria história, individual, grupal ou nacional. Existem leis e regras que regem a manutenção das tradições: não se pode fazer qualquer coisa que se queira com a bandeira nacional (o trato dela é definido por lei); assim também são defendidos os hinos.

Agremiações esportivas e literárias criam celebrações próprias. Algumas escolas também procuram manter sua história viva. Lembro-me dos preparativos anuais que antecediam (e imagino que continuem a anteceder) o Dia do Mackenzie, cuja festa integrava todos os cursos, do primário às faculdades, num mesmo campo de esporte, com o mesmo uniforme, cantando o mesmo hino, fazendo ginástica coletiva e jogos.

Não faz muito tempo, encontrando-me por acaso com outros três ex-mackenzistas, demos muita risada tentando lembrar as palavras do nosso velho hino. Ninguém tinha esquecido, assim como lembrávamos as músicas religiosas que entoávamos no culto diário. As escolas católicas têm as suas formas de manter vivo seu passado no cotidiano da instituição.

Basta observar um *show* de *rock* ou um jogo em um estádio para perceber novos ritos nascendo para criar as mesmas emoções. O que lamento é perceber que, com medo de ser caretas ou retrógrados, pais e educadores vão abandonando solenidades que marcaram a sua própria vida. Não sou ingênua. Sei que o grito uníssono da multidão que se levanta tanto pode levar ao bem quanto ao mal. Mesmo sendo pacifistas, nós nos beneficiamos da emoção que nasce da voz coletiva. Como se diz, o martelo que faz o aço também quebra o vidro, mas nem por isso jogamos os martelos fora. A diluição da individualidade nesses tipos de cerimônia é importante porque realimenta uma força que existe no mundo interior de cada um.

Eu pediria aos adultos — pais, professores e educadores — que não privassem as crianças dos momentos de consagração que viveram e podem ser importantes na confirmação da identidade dos jovens. Ser solitário na multidão é suficientemente frequente na nossa vida para nos manter em níveis altos de insegurança. Não é bom eliminar os eventos em que, juntos, levantamos os braços e saudamos. Momentos em que não estamos sozinhos. O *show*, o concerto, a torcida, as festas de aniversário são diferentes bálsamos para a solidão. Instrumentalizemos os jovens. Vamos ensiná-los a comemorar. Comemorando, sem medo da pieguice.

•

Créditos dos textos anteriormente publicados

"Educação e imitação" (p. 15): publicado originalmente na revista *Profissão Mestre* em novembro de 2007.

"Escola: fábrica de cidadãos" (p. 19): publicado originalmente no caderno Equilíbrio, da *Folha de S.Paulo*, em 10 de janeiro de 2008. © Anna Veronica Mautner/Folhapress.

"Pensar não é fácil" (p. 31): publicado originalmente na revista *Profissão Mestre* em setembro de 2010 com o título "Pensar não é fácil não".

"Apatia ou preguiça" (p. 35): publicado originalmente no caderno Equilíbrio, da *Folha de S.Paulo*, em 25 de janeiro de 2007. © Anna Veronica Mautner/Folhapress.

"Dissimular para aprender" (p. 39): publicado originalmente na revista *Profissão Mestre* em novembro de 2009.

"Repetir até acertar" (p. 41): publicado originalmente na revista *Profissão Mestre* em outubro de 2008 com o título "Repetir até acertar é o lema".

"A regra libertadora" (p. 55): publicado originalmente na revista *Profissão Mestre* em maio de 2010.

"Malqueridos mestres" (p. 59): publicado originalmente na revista *Profissão Mestre* em janeiro de 2009.

"Visibilidade (e $) para os professores" (p. 65): publicado originalmente no caderno Equilíbrio, da *Folha de S.Paulo*, em 20 de julho de 2010, com o título "O mestre na sombra". © Anna Veronica Mautner/Folhapress.

"O sonho dos pais" (p. 71): publicado originalmente no caderno Equilíbrio, da *Folha de S.Paulo*, em 4 de janeiro de 2007, com o título "Sonhos de mãe". © Anna Veronica Mautner/Folhapress.

"O caráter revolucionário da rotina" (p. 77): publicado originalmente no caderno Equilíbrio, da *Folha de S.Paulo*, em 30 de agosto de 2007, com o título "O caráter revolucionário das rotinas". © Anna Veronica Mautner/Folhapress.

"Organizando a curiosidade" (p. 81): publicado originalmente no caderno Equilíbrio, da *Folha de S.Paulo*, em 12 de janeiro de 2006. © Anna Veronica Mautner/Folhapress.

"Equilíbrio do casal" (p. 87): publicado originalmente no caderno Equilíbrio, da *Folha de S.Paulo*, em 15 de junho de 2006, com o título "Sentir-se excluído". © Anna Veronica Mautner/Folhapress.

"O público e o privado" (p. 91): publicado originalmente na revista *Profissão Mestre* em setembro de 2007 com o título "Entre o público e o privado".

"A geração dos 'mexe com'" (p. 95): publicado originalmente no caderno Equilíbrio, da *Folha de S.Paulo*, em 20 de abril de 2006. © Anna Veronica Mautner/Folhapress.

"... e eu chorei!" (p. 99): publicado originalmente no caderno Equilíbrio, da *Folha de S.Paulo*, em 29 de janeiro de 2009. © Anna Veronica Mautner/Folhapress.

"Internet em vez de rua" (p. 103): publicado originalmente no caderno Equilíbrio, da *Folha de S.Paulo*, em 9 de janeiro de 2003, com o título "A calçada, o quintal, o campinho e o computador". © Anna Veronica Mautner/Folhapress.

"Celebrações" (p. 113): publicado originalmente no caderno Equilíbrio, da *Folha de S.Paulo*, em 21 de setembro de 2006, com o título "Celebração e rotina". © Anna Veronica Mautner/Folhapress.